AF275773

QUÉ ES
LA
POESÍA

colección qué es

QUÉ ES
LA
POESÍA

MANUEL RICO

Sílex

Del texto:
© Manuel Rico, 2025

Director de colección: José Luis Ibáñez Salas

Editor: Ramiro Domínguez Hernanz

© Diseño de cubierta: Ramiro Domínguez

C/ San Gregorio, 8, 2, 2ª Madrid
España
www.silexediciones.com

ISBN: 979-13-87694-79-1
Depósito Legal: M-24003-2025
Colección: QUÉ ES

Impreso y encuadernado en España

Cualquier forma de reproducción, distribución, comunicación pública o transformación de esta obra solo puede ser realizada con la autorización de sus titulares, salvo excepción prevista por la ley. Diríjase a CEDRO (Centro Español de Derechos Reprográficos) si necesita fotocopiar o escanear algún fragmento de esta obra (www.conlicencia.com; 91 702 19 70 / 93 372 04 97)

Contenido

"Las preguntas: ¿qué es la poesía?, ¿es este un buen poema?, constituyen, pues, las dos metas teóricas de toda labor crítica".

T. S. Eliot

"¿Qué es poesía?, dices mientras clavas
en mi pupila tu pupila azul.
¿Qué es poesía? ¿Y tú me lo preguntas?
Poesía… eres tú".

Gustavo Adolfo Bécquer

Prólogo a una aventura

Con este libro me he adentrado en una doble aventura. De un lado, en la de la inmersión en la memoria a la busca de mis primeros pasos como lector apasionado de poesía y como poeta. De otro, en la aventura que supuso acercarme a los secretos de una disciplina literaria (o artística) que conmueve, emociona y, de modo tal vez inexplicable, nos ata de por vida a un universo minoritario y perturbador que en algunas ocasiones y por motivos muy simples, por ejemplo, gracias a la música de algún cantautor, se abre a públicos mayoritarios.

De la primera aventura destaco mis lecturas, en la preadolescencia, en las noches de verano quizá de 1963, o 1964, mientras en casa todos dormían, o mis viajes en autobús desde el barrio en la periferia en que vivía hasta el centro de Madrid a visitar a familiares muy próximos, con una antología de poesía española (del entonces naciente Círculo de Lectores) entre las manos, abducido por los versos de Fray Luis, de Bécquer, de Gerardo Diego, a los que llegaba por vez primera o vagamente orientado por el libro de texto de cuarto del Bachillerato. De la segunda, refiero lo que me ocurrió muchos años después, cuando tanteaba los versos de mi primer poemario, casi nunca citado en mi bibliografía, *Poco importa romper con las alondras*. Corría el año 1974, o 1975, y en la poesía española, a la que me acercaba con la conciencia del excluido y periférico que reverenciaba un mundo que creía lejano, inalcanzable, se producía un curioso proceso. Era el tiempo hegemónico de la poesía culturalista, de los novísimos, lanzados al mundo por **Josep Maria Castellet** en 1970, y observaba que su *boom* establecía un nuevo canon que descalificaba la poesía realista, que ponía en solfa a poetas con los que el joven que yo era se había formado (de Antonio Machado a los poetas del 50, de Claudio Rodríguez a Carlos Sahagún, Ángel González o Caballero Bonald, de Ángela Figuera a Carmen Conde…). Añadí a mi catálogo de lecturas aquella antología novísima y si bien comencé a disfrutar de los poetas recién llegados, ese aprecio no marginó la poesía de los "descalificados" por prosaicos, o sociales, o simplemente por una inclinación realista o figurativa más o menos acentuada.

Aquella nueva hegemonía desplazó a muchos poetas precedentes y dificultó el acceso a la edición a no pocos coetáneos, iniciados en una estela más humanista, poetas no confrontados con la generación anterior, con la del medio siglo, incluso con la de posguerra. Tenía entonces un amigo diez años mayor que había ganado a mediados de los 60 el Premio Adonáis y poco después el Nacional de poesía, que no encontraba editorial donde publicar: las nacidas entonces, puestas de moda en poco tiempo y hoy sobradamente conocidas, fueron abducidas por la estética dictada por Castellet y los libros de los jóvenes que estaban lejos del culturalismo, de los venecianos y de las vanguardias, lo tenían francamente difícil. Aquella situación comenzó a superarse a lo largo de los ochenta con la irrupción de una nueva leva generacional (la de la Transición, jóvenes poetas que volvían la mirada a cierto realismo, a la experiencia y a otras fórmulas de expresión más contenida que iban de lo metafísico a una nueva épica, de la inmersión en lo cotidiano a la estética del silencio o un barroquismo despojado de excesos culturalistas). Sobre ello hubo debates muy vivos. Aquellas diferencias sobre qué concepto de poesía era el más próximo a su verdad última como arte, me llevaron a escribir mis primeros artículos sobre poesía, a bucear en sus secretos y en las razones por las que, según la crítica dominante, la poesía que debía publicarse habría de situarse estéticamente en una fórmula determinada y a veces excluyente del resto de las fórmulas en liza. De ahí a indagar en el sentido último, en las raíces de aquella cosa o extrañeza a la que llamaban *poesía* hubo muy pocos pasos. Y en ello empeñé muchas horas a lo largo de mucho tiempo.

En el verano de 2024, infinitos veranos después de aquellos días de transición política y poética, José Luis Ibáñez Salas y Ramiro Domínguez me preguntaron si me atrevía a escribir un libro con el título *Qué es la poesía*. Creo recordar que dije sí de manera casi automática. Se me brindaba una oportunidad de oro para poner en orden todo lo reflexionado, leído y disfrutado en aquellos remotos años. Y así nació este libro. Para amantes de la poesía y para curiosos que se quieren acercar a ella. Para poetas y para lectores. Para locos y para cuerdos. Sin academicismos ni tentaciones librescas, con sencillez y sin renunciar a la profundidad ni a la cita clarificadora. Una aventura difícil. Puedes preguntarte por qué… Yo responderé: *¿Y tú me lo preguntas?*

En mi familia, allá por los años sesenta del pasado siglo, se consideraba que la poesía era algo ajeno a la clase social a la que pertenecíamos. Era un capricho de los rentistas, de los hijos de los privilegiados, algo que nada tenía que ver con conseguir el sustento diario y un peligro para los chavales que comenzábamos a estudiar, que andábamos en los aledaños del Bachillerato. "Qué desgracia, les ha salido un hijo poeta"… Se identificaba la poesía con el Olimpo, sin duda, con la eternidad de que disfrutaban los poetas que ocupaban el libro de Literatura (un libro, todo hay que decirlo, censurado por el Régimen, del que García Lorca, Miguel Hernández, Cernuda y casi toda la Generación del 27 habían desaparecido) pero también con el hambre, con la menesterosidad, con la miseria, algo así como si ese acceso al Olimpo fuera el premio o la compensación a una vida de carencias, a una vida de poeta, en definitiva. Al hambre asignado, casi de oficio, al maestro, en mi familia se añadía el que correspondía al poeta, un hambre, seguramente vinculado a los estados de ánimo y que no pocas veces se relacionaba con la locura o con el suicidio. No muy lejos de aquella convención familiar sorprendí, pasados los años, el siguiente aserto del poeta serbio-estadounidense **Charles Simic**: "Los padres prefieren que sus hijos sean taxidermistas o recaudadores de impuestos antes que poetas". Y de **Miguel de Cervantes** es aquello de "el año que es abundante en poesía, suele serlo de hambre". **Wallace Stevens** mostraba su sentido práctico en otro momento al afirmar que "solo trabajando ocho horas en otra cosa se puede escribir poesía". Esa visión de la poesía y de la *profesión* del poeta en el mundo *práctico* y mercantilista del capitalismo, se ha hecho consistente hasta ser, hoy, salvo excepciones, la actividad creativa menos compensada y retribuida de cuantas existen. A ese respecto, la poeta **Yolanda Castaño**, en su libro *Economía y poesía: rimas internas*, señalaba que "para poder desarrollarse como persona y también como artista, hasta quien escribe versos necesita alimento, techo, abrigo, y transporte, material de trabajo, impuestos…, y pagar facturas". Este ensayo, sin embargo, no trata de la prosa del mundo poético a la que alude, con acierto, Yolanda Castaño, sino de la *poesía como producto artístico singular* con el que soñamos, luchamos, nos apasionamos los poetas y los lectores, apasionados o no, de poesía.

Con la lógica antiquijotesca presente en mi infancia y en mi familia, antes aludida —cercana al consejo de Wallace Stevens y alejada de idealismos *inútiles*—, era inevitable que, pasado el tiempo, llegara a ser un modesto (y estable) empleado de banca, como administrativo, a partir de los 17 años. Sin saberlo, mis padres me habían abierto el camino señalado por Wallace Stevens. Un camino de largo recorrido, por el que viajaría a lo largo de mi vida, tal y como prescribiera **Margaret Atwood**: "Los poetas resisten. Es difícil librarse de ellos".

Establecida la vertiente práctico-vital, pasemos a la idealista, a la *verdadera* vocación. ¿Cómo empezó? Casi todas las evocaciones autobiográficas de conocidos poetas resaltan una doble coincidencia: comenzaron a escribir poesía en la adolescencia, incluso en el tiempo que discurre entre el final de la infancia y el comienzo de esa edad de adaptación al mundo a la que también llamamos pubertad; fue la lectura de poemas que llegaron a sus manos o bien por casualidad, o a través de la escuela, o gracias al hecho de contar con libros de poesía en la casa familiar. Es decir, por una concatenación curiosa entre el deslumbramiento inicial de la lectura y la necesidad subsiguiente de imitar lo leído. La causalidad dominante fueron los primeros apuntes del amor o enamoramiento, la admiración por un paisaje o la necesidad de expresar un sentimiento hacia alguien cercano, desde una mascota hasta familiares tan próximos como el padre, la madre, un abuelo, el paso del tiempo, etcétera.

Todo poeta ha descubierto, por vez primera, esa chispa o destello en un momento preciso de su vida. Muchos lo olvidan, otros lo recuerdan de un modo borroso, concentrando el recuerdo en una etapa más o menos identificable. Yo lo he mantenido vivo en la memoria durante toda mi existencia y puedo evocarlo con mucha precisión: era un chaval de 11 o 12 años, vivía en un barrio periférico de Madrid y cursaba segundo del Bachillerato elemental de entonces en un *colegio de piso*. Había leído a Antonio Machado, a Lope de Vega, a Garcilaso, Moratín o a Bécquer en el libro de texto de Literatura, en los anexos o apéndices del capítulo correspondiente se nos ofrecía una muestra de poemas o, en su caso, fragmentos en prosa de las corrientes literarias o de los autores tratados en el capítulo. A la vez, mi padre se había suscrito al Círculo de Lectores y en casa recibíamos, cada mes, algunos de los libros recomendados (muy pocas veces hacíamos encargos: tal era el grado de ignorancia y desconocimiento en que vivíamos). Fue uno de aquellos libros, *Poemas escogidos*, de **Juan Ramón Jiménez**, el que acabó de hermanarme con la creación poética: había allí muchos poemas de su primera etapa modernista, de *Arias tristes*, de *Pastorales,* de *Jardines lejanos…* y, sin comerlo ni beberlo, una noche del verano de 1965, me vi apresado por una sensación que nunca antes había experimentado:

durante varias horas, casi hasta el amanecer, mientras la casa dormía, estuve imitando los versos de Juan Ramón, construyendo un poema que hablaba de recuerdos de mis veranos en una aldea de Soria, de huertos, arroyos, lunas y olores de la naturaleza, de paisajes del moguereño, filtrados por mi jovencísima memoria.

Me di cuenta, a partir de entonces, de que necesitaba escribir, volcar en el folio en blanco o en el cuaderno estados de ánimo, palabras que en mí suscitaran emociones similares a las que me habían producido los poemas de Juan Ramón. Un paisaje, un recuerdo, un olor, un vocablo con especiales resonancias, un adjetivo, eran motivo suficiente para intentar que cobraran vida en el papel. Con 12 o 13 años no sabía si era la música de las palabras, su significado, su capacidad evocadora o su resonancia al pronunciarlas en voz alta lo que me ataba al cuaderno o al folio. A lo largo de toda mi vida he intentado definir aquella emoción, intensa y puntual, sin éxito. Aunque sí con la seguridad de que se trababa de algo distinto, una devoción inevitable y real. Subrayo: *real*. Eso era la poesía. Muchos años después, escuchando al cantante **Paco Ibáñez** —tiempo de juventud, años 70— cantar a **Gabriel Celaya** pude entender en parte de qué modo podemos valorar la existencia de la poesía mediante figuras literarias como la comparación o la metáfora. "Es lo más necesario, lo que no tiene nombre. / Son gritos en el cielo y en la tierra son actos", escribió el poeta y cantó el juglar. En el segundo verso, Celaya identifica la poesía con "gritos", con "actos". Podría ser otro el poema y otros los términos para explicarlo: emociones, lágrimas, caricias, ternura, quejas, frustraciones, gozos, risas, sonrisas, suspiros. Todas sirven para entender el efecto que tienen las palabras cuando de la poesía se trata. Comparaciones. Metáforas. El primer verso sin embargo es más preciso pese a sustentarse en la imprecisión: "Es lo más necesario, *lo que no tiene nombre*".

Lo que no tiene nombre, que sin embargo es lo más necesario. Partamos de ahí para acercarnos a los intentos, todos certeros y todos imprecisos, con que poetas, críticos y filósofos han intentado acercarse a definir *lo que no tiene nombre*. A internarse en su esencia, en su sustancia, en su, valga la redundancia, definición.

LO QUE NO TIENE NOMBRE
(LA SUSTANCIA QUE ALIMENTA A LA POESÍA)

Todos conocemos la "Rima XXI" de Gustavo Adolfo Bécquer: "¿Qué es poesía?, dices mientras clavas / en mi pupila tu pupila azul. / ¿Qué es poesía? ¿Y tú me lo preguntas? / Poesía… eres tú". Cuántas veces se ha utilizado ese poema tanto para la seducción amorosa como para intentar identificar la belleza de una mujer con la poesía. De igual modo podría aplicarse el mismo aserto en el caso de que el sujeto poético fuera una mujer respondiendo a un hombre a partir de la pregunta del verso con que el texto se inicia.

Juan Ramón Jiménez, superado el modernismo de su primera época y buscando la esencia del poema, intentando despojarlo de abalorios y adornos prescindibles, escribió un poema de sobra conocido, perteneciente a su libro de 1917 *Eternidades*, que comienza con un verso memorable: "Vino primero pura, / vestida de inocencia, / y la amé como un niño", y concluye así: "¡Oh pasión de mi vida, / poesía desnuda, mía para siempre!". Setenta y seis años después, en el ya lejano 1983, el poeta granadino **Javier Egea**, inspirándose en aquellos versos juanramonianos, escribió un hermoso soneto con el que intentó definir esa labor humana tan especial.

"Vino primero frívola —yo niño con ojeras—
y nos puso en los dedos un sueño de esperanza

o alguna perversión: sus velos y su danza
le ceñían las sílabas, los ritmos, las caderas.

Mas quisimos su cuerpo sobre las escombreras
porque también manchase su ropa en la tardanza
de luz y libertad: esa tierna venganza
de llevarla por calles y lunas prisioneras.

Luego nos visitaba con extraños abrigos,
mas se fue desnudando, y yo le sonreía
con la sonrisa nueva de la complicidad.

Porque a pesar de todo nos hicimos amigos
y me mantengo firme gracias a ti, poesía,
pequeño pueblo en armas contra la soledad".

El último verso construye una hermosa metáfora que habla de la complejidad de nuestra mente para pugnar con la vida diaria, lucha en la que nos salva la poesía. Yo añadiría, como complemento en positivo, "para encontrar compañía", o "confidencia", o "complicidad", por ejemplo.

En 2018, la editorial Hiperión, de la mano de **Fermín Herrero** y **Jesús Munárriz**, publicó un libro titulado *Poesía, ¿eres tú?* A lo largo de 352 páginas, se despliegan, en el volumen, más de dos mil citas de autores de distintas épocas, desde clásicos de la literatura universal hasta jóvenes de las generaciones españolas más recientes. El lector que recorra todo el libro intentando satisfacer el deseo o la necesidad de encontrar una definición objetiva, evaluable y definitiva de la materia poesía (perdón por el oxímoron) nada sacará en claro. Todas le servirán y, a la vez, ninguna será definitiva, ninguna establecerá una verdad universal comprobable. Por eso, de ese cúmulo de más de dos mil acercamientos, elijo uno que, por supuesto, nos abre puertas a la reflexión y que viene de Grecia y de **Platón,** un clásico entre los clásicos: "Todo arte de la poesía es por natural enigmático". La poesía, amplío, es un enigma, es un misterio tal vez irresoluble salvo en la construcción del propio poema. **Antonio Machado,** ante ese misterio y consciente de la dificultad que comporta su descripción, aconsejó en la voz de su heterónimo Juan de Mairena: "Hemos de hablar modestamente de la poesía, sin pretender definirla". Lo escribe después de haberla definido como "una honda palpitación del espíritu" o como "palabra en el tiempo". Y **Gloria Fuertes**: "La poesía es un milagro".

José Hierro lo expresó de un modo distinto a Platón y a Machado, aunque llegó a la misma conclusión, si bien con otras palabras: "Yo no sé lo que es la poesía. Se han dado tantas definiciones en todas las épocas de la humanidad... Sé para qué sirve, sirve para tratar de decir aquello que no se puede decir: lo inefable".

Con ese enigma, el poeta vive. De vez en cuando intenta descifrarlo sin éxito, y, a la vez, sin ese enigma gravitando sobre su existencia, la vida, su vida, sería otra. Esta impotencia para definirla es, al unísono, un aliciente para acercarnos a las emociones que suscita, al proceso de creación, a las distintas esferas de nuestra conciencia a las que desafía.

En la década de los cincuenta del siglo xx la poesía española vivió un muy intenso debate en torno a la cuestión que da título a este volumen *(Qué es la poesía)*, debate teórico del que, en buena medida, nos alimentamos hoy quienes estamos interesados en arañar en las tripas de ese concepto. **Carlos Barral,** en el texto "Poesía no es comunicación", con el cual polemiza con la visión de **Carlos Bousoño**, para quien, siguiendo la concepción de **Vicente Aleixandre**, poesía es "comunicación de un contenido ficticio —el imaginado por el poeta— a través de un lenguaje imaginario", afirmó que "el poema, es el fruto, autónomo con respecto a todo momento anterior de la conciencia de su autor, de un esfuerzo estético más o menos intelectual y difícil". Prosiguió en el empeño clarificador **Jaime Gil de Biedma** en el texto sobre *Función de la poesía y función de la crítica*, de Eliot: "Pero lo que un poema transmite suponiendo que, en efecto, algo transmita, no es una compleja realidad anímica, sino la representación de una compleja realidad anímica". Tampoco **Claudio Rodríguez** renunció a su aporte teórico: "Creo que la poesía es, sobre todo, participación. Nace de una participación que el poeta establece entre las cosas y su experiencia poética de ellas, a través del lenguaje. Esta participación es un modo peculiar de conocer". Y **José Ángel Valente**: "Mucha de la poesía que se escribe entre nosotros carece de esa raíz última de necesidad que da existencia al estilo: la conversión del lenguaje en un instrumento de invención, es decir, de hallazgo de la realidad".

Yo diría, complementando a cuantas definiciones puedan asomar en el presente libro, que la poesía es lenguaje en su más alto grado de tensión significativa. Es la cumbre del lenguaje, es el acercamiento a lo sagrado, tiene algo de cercanía con la divinidad. Tal vez por eso es el género o el arte literario que ha propiciado el más alto grado de tensión en las disputas y debates estéticos: **Fernando Aramburu** escribió una frase tan prosaica como contundente: "Los poetas son propensos a la rivalidad y los celos". Conceptismo contra culteranismo, experiencia contra diferencia, realismo frente a metafísica, poesía social frente a poesía elitista, del "a la inmensa mayoría" de **Blas de Otero** al "A la minoría siempre", de Juan Ramón: la búsqueda de la "verdadera poesía" ha delimitado, a lo largo de la historia, fronteras, corrientes, grupos, incluso generaciones que reaccionan contra la tradición heredada, matan al padre y comienzan a construir su paternidad. ¿Por qué? En poesía no hay grandes tiradas que propicien altos ingresos por derechos de autor, ni hay, salvo alguna excepción, anticipos sustanciosos, ni premios con cinco o seis ceros como en novela. Se me ocurre, tirando de ironía, que los poetas no nos jugamos el dinero: lo que nos jugamos es la eternidad. Y concluyo con la referencia a una frase de la poeta rumana **Ana Blandiana**: "No es difícil ser nuevo. Lo difícil es ser eterno". En efecto. Esa aspiración a la eternidad explica la proliferación de antologías generacionales, la prisa de no pocos poetas, todavía jóvenes, incluso sin haber cumplido los cuarenta, por contar en su haber con volúmenes de poesías completas o con una antología "canónica y propia". En narrativa juega un papel básico lo mercantil; en la poesía, lo intangible, la perduración, la eternidad. Aunque debamos señalar que hay poetas o muñidores de versos que en la última década han encontrado una fuente de ingresos derivada de la comercialización en Internet y en las redes sociales de contenidos a los que llaman poesía (de ello trataremos más adelante) y cuyos impulso y mediación tienen como protagonistas a los llamados *influencers*, un fenómeno asociado al mundo digital en esta segunda década del siglo XXI.

❋   ❋   ❋

Decíamos que para Antonio Machado la poesía era "palabra en el tiempo". Tal aserto nos conduce a una pregunta: ¿es posible atrapar el tiempo, reelaborarlo mediante la palabra, y entregárselo a los lectores para que a su vez lo gocen y lo reinterpreten de acuerdo con su propia experiencia?

No tengo plena seguridad al respecto. Pero si hay algo que nos aproxime a ese proceso, ese algo es el poema. No la poesía en términos abstractos, sino el poema, cada poema. "Intersección de lo intemporal con el tiempo", así intentó formularla T. S. Eliot. No muy diferente de la definición de ambos poetas —por otro lado, tan alejados estética y vitalmente— se encuentra la respuesta que, en 1997, me dio **Manuel Vázquez Montalbán** durante una larga conversación que mantuvimos para la revista *Ínsula*: "La literatura es solo lenguaje, pero el lenguaje está cargado de tiempo, de tiempo significante, y a esa fatalidad de transmitir el tiempo significante no puede escapar ningún escritor". *Tiempo significante* que se compone de objetos, de lugares, de sueños, de deseos, de frustraciones, de incertidumbres, de sentimientos, de estados de conciencia. Tiempo significante que solo existe cuando la palabra, sobre el papel en blanco, nos lo hace visible. No cualquier palabra, sino la palabra que revela, que ilumina, que descubre o redescubre: la palabra poética. "La poesía renombra el mundo y, con eso, también lo transforma. Resignifica.

Su radiante agenda política reside en que ensaya otras maneras de decir y, con ellas, de pensar la vida", ha escrito, de manera certera, Yolanda Castaño. Es, siempre, tiempo liberado de la muerte, emoción en estado de lenguaje, arte que nos ayuda a vivir, a entendernos y a indagar en las zonas ocultas de la realidad y no por ello inexistentes. Pero el tiempo se compone también de hechos históricos, de acontecimientos sociales, de fragmentos o residuos de la actualidad que vive el poeta. La poesía de Antonio Machado conlleva esos residuos del tiempo histórico que vivió del mismo modo que ocurre con la de Rafael Alberti o con la de Miguel Hernández o Federico García Lorca.

La poesía también es la búsqueda de una verdad. También indefinible, pero que concilia al lector con lo más profundo de su experiencia vital. A ese respecto, cabe subrayar la afirmación de **Jean Cocteau**, "el poeta es un mentiroso que dice siempre la verdad". A través de lo imaginario (que muchas veces es, en términos racionales, mentira) el poeta busca cómo tocar las fibras emocionales más íntimas, conmover, dos conceptos que son verdad. Ana Blandiana nos avisa de que "la poesía no tiene que resplandecer, sino alumbrar" y la portuguesa **Sophia de Mello Breyner Andresen** nos advirtió con claridad: "La poesía no se explica, implica". Verdad universal incontrovertible, aunque sea difícil, por no decir imposible, de definir. Es descubrimiento o, digámoslo en palabras de José Ángel Valente, asomarse a una experiencia con la que nos encontramos durante la escritura y durante la lectura: "Todo poema es, ante todo, un gran caer en la cuenta". O, según **Jordi Doce**, "en el poema todo sucede por primera vez". Incluso cuando el poema alude a la realidad, a una realidad tangible, la mirada del poeta y el uso de determinadas palabras, descubren al lector brillos inesperados, inéditos". **Olga Orozco** escribió que "el poeta ve lo poético aún en las cosas más cotidianas" y **Dionisia García**, Premio de la Crítica de ámbito nacional en 2023, convierte al poema en una suerte de interruptor eléctrico: "el poeta no porta luces, las enciende", sintonizando con la canadiense Margaret Atwood cuando escribió en un poema: "Esto es poesía: un cable de alto voltaje. / Es como si metieras un tenedor / en un enchufe". La descarga o la chispa, añado, sería lo que llamamos *verdad del poema*.

Esa verdad que el poeta busca está inserta en los distintos territorios en los que el poema se ha venido internando a lo largo de la historia. Está, por ejemplo, en el amor y en la relación erótico-amorosa. Desde las rubaiyatas de Omar Jayam, pasando por las cantigas galaico-portuguesas o los primeros romances de la poesía en castellano, por no hablar de sus orígenes en la Grecia clásica, con Catulo o Safo, es un ámbito que ha sido un objetivo de exploración para los poemas. Lo escribió, dándole un sentido universal, Vicente Aleixandre: "Sí, poeta: el dolor y el amor son tu reino", y para demostrarlo escribió un libro portentoso, *La destrucción o el amor*. Para **Mario Benedetti** "el amor es una palabra, un pedacito de utopía". Si las *Rimas* de Bécquer están trufadas de apelaciones al amor y al desamor, un poeta como **Pedro Salinas** desarrolló en ese territorio buena parte de su obra, con títulos tan emblemáticos como *La voz a ti debida* o *Razón de amor*. El amor tradicional, el amor homoerótico y el amor lésbico se interrelacionan y mezclan en la historia de la poesía universal desde el principio de los tiempos. Cabe ampliar ese ámbito *temático* a la relación familiar, padres-hijos, a la poesía elegíaca dedicada a la muerte, al amor materno-filial... A ese respecto no podemos dejar de señalar que incluso ha llegado hasta las experiencias parapoéticas o, digámoslo en un afortunado término del poeta **Martín Rodríguez-Gaona**, de "poesía pop tardoadolescente" que han proliferado en la última década en Internet y, en general, en las redes y plataformas digitales, y basadas en una mal llamada sencillez (yo lo calificaría de "simpleza") y en una falta clara de objetivos trascedentes y de búsqueda en las potencialidades de la palabra.

La muerte, la finitud de la existencia y, en contraposición con ello, la importancia de la reflexión acerca del sentido de la vida: todo ello, muy relacionado con la gran pregunta que todo ser humano suele hacerse a lo largo de su recorrido vital, han sido sustancia vertebral de la poesía. Esa preocupación, filosófica y existencial, nos *conduce* al gran tema de la poesía: *la vida*. Antonio Machado nos invita a reflexionar con este aserto: "No es la lógica lo que el poema canta, sino la vida"; **Cesare Pavese** se refirió a la poesía como "una forma de defensa contra las ofensas de la vida" o como un modo de asomarse a la muerte, tal y como lo certificó en un verso (casi un colofón a su existencia), que no publicó en vida y que apareció en 1951, un año después de su suicidio: "Vendrá la muerte y tendrá tus ojos", y **Olvido García Valdés** nos deja una frase tan certera como inquietante: "Un poema es un lugar raro donde se guarda la vida". Incluso un poeta que fue conocido universalmente por aunar palabra y música durante décadas como **Leonard Cohen** nos ilustra con un comentario: "La canción es la vida del corazón y el poema su expresión más noble".

Si con estos cuatro últimos autores coincidimos en la esencial importancia de la vida como sustancia central del poema, hay otro aspecto, menos apegado a lo físico y material, y ya conocido por nosotros en esta obra, que es el tiempo, un concepto estrechamente vinculado a la memoria. Cuando Antonio Machado afirma que "la poesía es la palabra esencial en el tiempo" nos habla del poder que tiene para sobreponerse a su discurrir, de perdurar por encima de sus avatares y, a la vez, de trasladar en ella ingredientes del tiempo en que se escribe. En otro momento, don Antonio afirmó: "Al poeta no le es dado pensar fuera del tiempo, porque piensa su propia vida que no es, fuera del tiempo, absolutamente nada". **Octavio Paz** lo dijo de otro modo: "La poesía está enamorada del instante y quiere revivirlo en un poema". Y para el hermano de Antonio, **Manuel Machado**, la poesía es "la eternización de la momentaneidad". Con el poema, el autor reflexiona sobre el tiempo y deja huellas de su historia personal y de la historia colectiva para que vivan eternamente entre los versos. La poeta **Chantal Maillard** vincula la instantaneidad a la que alude Octavio Paz con la totalidad cósmica: "Un poema puede sugerir el instante y en ese instante está el universo entero". Con el tiempo y con sus huellas, cruzadas por la vida del poeta, se construye otra materia, o motivación, del poema: *la memoria*.

Para **Stendhal** estaba muy claro: "El verso fue inventado a favor de la memoria". La infancia del poeta, sus recuerdos más dolorosos o más felices acuden al poema siguiendo la pauta que señalara **Jorge Manrique** en las *Coplas a la muerte de su padre*. Desde los poetas del Siglo de Oro español hasta los poetas jóvenes, nacidos al escenario de la publicación en el tiempo de Internet, han mantenido, en no pocas ocasiones, una lealtad a ese principio manriqueño: "cómo a nuestro parecer cualquiera tiempo pasado fue mejor". La lectura más justa de ese principio no puede ser otra que la identificación de ese tiempo pasado con la juventud propia, con no tener conciencia de la muerte. A veces, la memoria olvida o borra las partes dolorosas vividas entonces y todo lo ocupa la estela de los momentos felices. Recuerdo que, en las viejas veladas que compartimos en nuestra casa en los primeros años del presente siglo, **Félix Grande**, al intentar describir el papel que juega la permanente apelación de los poetas al tiempo infantil y adolescente, solía identificar esa etapa con la "eternidad" del poeta, de cuya pérdida jamás acabaría de sobreponerse a lo largo de su existencia. Y citaba un verso del peruano **César Vallejo**: "Murió mi eternidad y estoy velándola". El poeta turco **Ilhan Berk** se pronunció en parecido sentido al verso vallejiano: "Solo la infancia de los poetas es larga", afirmó.

Cesare Pavese nos acercó, mediante una certera metáfora, ese sentimiento: "No es hermoso ser niños; es hermoso pensar de viejo en cuando éramos niños". Y quizá en la historia de la poesía en castellano no ha habido un verso tan abierto a la evocación de la infancia remota, luminosa, y que concentre tanta vida como el que escribió Antonio Machado frente al mar de Collioure y en sus horas últimas: "Estos días azules y este sol de la infancia".

¿PARA QUÉ SIRVE LA POESÍA?

Nuccio Ordine escribe en *La utilidad de lo inútil*: "Considero útil todo aquello que nos ayuda a hacernos mejores". Y añade: "Los versos no se someten a la lógica de la precipitación y lo útil". El pensador expresa su dolor y su desconcierto al ver, en las sociedades contemporáneas, a los seres humanos obsesionados en la obtención de dinero y poder: "es doloroso ver", agrega, "a hombres y mujeres empeñados en una insensata carrera hacia la tierra prometida del beneficio". Alude, sin duda, al beneficio material, económico, al logro de un bienestar entendido desde el punto de vista más convencional.

Por el contrario, todo aquello que nos hace felices espiritualmente, que toca el fondo reflexivo y trascedente de la condición humana, reporta escasos bienes materiales, responde muy poco al sentido más convencional de la utilidad. Si es cierto que desde ese punto de vista la poesía no sirve para nada, también lo es *que sirve para mucho*. La contundente afirmación de **Gustave Flaubert**, "poesía: completamente inútil", hay que relativizarla. Y mucho. El propio gozo al leer uno o varios poemas es de por sí un gran logro de la poesía, aunque sea considerado un bien no tangible y, por tanto, *inútil*. No en vano **Paul Éluard** sacó punta a su en apariencia inútil utilitarismo: "La poesía no es un objeto de arte, sino un objeto utilitario". Para **Luis García Montero** "la poesía es tan útil como la ciencia o la técnica".

Tal vez lo más cercano a la utilidad de la poesía lo encontremos en su capacidad para alegar en favor de los más humildes, para enfrentarse a las injusticias, para adentrarse en la verdad que a veces, en el mundo en que vivimos, queda oculta o relegada, en el compromiso civil, político, en la solidaridad y en su contribución a alumbrar un mundo mejor y más equilibrado, más acorde con el bienestar de los seres humanos. Lo escribió Gabriel Celaya: "La poesía es un arma cargada de futuro". Y añadió en el conocido poema adjetivos y circunstancias que nos dan el sentido último de su concepción del poema: "necesaria", "para el pobre", "como el aire que inspiramos trece veces por minuto", y lo cerraba con una afirmación rotunda: "son gritos en el cielo / y en la tierra son actos". Estamos ante una de las vertientes reivindicadas para la poesía por poetas y críticos en tiempos convulsos o en realidades especialmente duras: hablamos de la *poesía social.* También llamada testimonial, o comprometida, o crítica (es el término que más me satisface) tiene sus orígenes remotos en el romancero y se manifiesta, en forma de protesta o de crítica, en nuestro Siglo de Oro en la obra de poetas como Quevedo o Lope, incluso en el propio Cervantes. En Europa y en Estados Unidos floreció en los años veinte y treinta del siglo pasado, al calor de la crisis del 29, y, ya tras la Segunda Guerra Mundial, formó parte de una corriente multidisciplinaria como el neorrealismo y fronteriza con el existencialismo, fuera en su forma más militante, como **Jean Paul Sartre** ("el poeta es el hombre que elige el fracaso"), fuera en la más condicionada y compleja de **Albert Camus**. En España, irrumpe en la dictadura primorriverista, se expande como respuesta social y política en los años de la República y durante la Guerra Civil (Alberti, Miguel Hernández, Emilio Prados, Juan Rejano, Concha Méndez, María Teresa

León) y tiene una continuidad vigorosa en la postguerra con Blas de Otero, el propio Celaya, o, cruzada por una fuerte subjetividad, con poetas posteriores como Ángel González, Gil de Biedma, José Agustín Goytisolo o Félix Grande. A mi juicio, fue Blas de Otero quien mejor supo integrar ambos términos ("poesía" y "social") en su práctica creativa, alcanzando altas cotas de lirismo, de intensidad emocional y estética, en sus poemas.

Sin embargo, la poesía como testimonio sufrió, en España y no solo en España, un desgaste, bien avanzada la década de los sesenta del siglo XX, relacionado con sus excesos *proclamáticos* o con su caída en un prosaísmo que cuestionaba la calidad y la naturaleza de la propia poesía y que tuvo como réplica un movimiento culturalista, neobarroco, al que Josep Maria Castellet denominó "novísimo".

Pero no debemos olvidar que esa búsqueda de la verdad (en este caso "social", "civil") en el poema parte, también, de un convencimiento que tiene su base en un fragmento de T. S. Eliot procedente de su mítico *Función de la poesía y función de la crítica:* "La ventaja esencial" —escribe Eliot— "para un poeta no es la de enfrentarse con un mundo bello: es ser capaz de ver tras la fealdad y la belleza; es ser capaz de ver el tedio, el horror y la gloria". Aunque ese horror (en su día, Vietnam, o el Holocausto, el 11-S, más tarde Ucrania, Gaza, Siria…) llega a los lectores, al ciudadano, a través del periodismo, de la crónica, del ensayo.

René Ménard, en sus *Reflexiones sobre poesía,* recapitula respecto del efecto del poema en el tejido social del siguiente modo: "El más solitario esfuerzo de creación no conseguirá sino una modificación infinitesimal de la aleación mental de la humanidad, la que será, por eso mismo, justificada. (…)

La energía poética, surgida de algunos, no se transmite más que a un pequeño número. Este la traduce a expresiones de un uso más corriente, que trazan las líneas de fuerza de la prosa. Esta prosa, después de degradaciones sucesivas, enriquece el lenguaje del hombre de la calle". Vázquez Montalbán se pronunció de modo parecido, nada menos que en 1968, en "Rápidas notas sobre la llamada poesía social", escrita como poética para la *Antología de la nueva poesía española,* elaborada para la mítica colección El Bardo por su fundador, **José Batlló:** "Tras unos años en que la *poesía social* se autojustificaba porque había una identidad entre la intención de la protesta y su formalización, en la actualidad, la significación de *poesía social* se corresponde a la función de un modesto tirachinas" . Es decir, ya a finales de los sesenta, un poeta ideológicamente situado en una izquierda crítica como Vázquez Montalbán, excluía la poesía como alegato, como instrumento transformador desde el punto de vista político o social: coadyuvante en último extremo, pero no decisivo o fundamental.

Creo que la definición que más se ajusta a esa concepción del poema es la que acuñó el filósofo **Ernst Bloch** en su libro *El principio esperanza*, donde dejó escrito que "el pensamiento debe acompañar a los hombres como conciencia moral del mañana". **Jean Giono** escribió, en parecida dirección, que "el poeta debe ser un profesor de esperanza". Aunque el objetivo que perseguía Bloch no era otro que combatir el nihilismo en filosofía, apostar por el pensamiento sobre el fatalismo a que invita una realidad hostil a las transformaciones, esa afirmación nos lleva a una pregunta obligada: ¿puede la poesía jugar, como el pensamiento, ese papel de acompañante del hombre como conciencia moral del mañana al que aludía Bloch? A mi juicio, sí. La poesía puede ayudarnos a entender nuestra realidad. En sus zonas visibles y en sus zonas ocultas. Y, en último extremo, contribuir a la lucha civil y política por la justicia y la libertad.

José Manuel Caballero Bonald proclamó que "el poeta tiene que ser vigilante del poder" y vino a afirmar, a través del título de uno de sus últimos libros, *Manual de infractores*, que la literatura, o la poesía, es una forma de delito, o de ruptura de la norma. En los procesos revolucionarios del siglo XX, la poesía jugó un papel. No decisivo, ni siquiera relevante, pero sí de cierta importancia. Ayudaba a criticar al poder, que era cuestionado, apoyaba a las fuerzas sociales emergentes, emocionaba, movilizaba o daba moral a los desheredados, los alimentaba de nuevos imaginarios. Aunque un escritor como el francés **Michel Leiris** consideraba que "la verdadera poesía es inseparable de la revolución", lo cierto es que no es fácil calcular en qué porcentaje contribuyó la poesía a tales procesos revolucionarios. Pero sí sabemos que en cada uno de ellos ha habido un colectivo de escritores coadyuvando al cambio, y de cada uno ha quedado, al menos, el nombre de un poeta: Whitman, Maiakovski, Evtuchenko, Alberti, García Lorca, Pavese, Brecht, Éluard, Aragon, Breton, Neruda, Cardenal, Vallejo, Nicolás Guillén, Bob Dylan...

La poesía siempre tendrá un filo social inevitable, muy apegado al grado de conciencia social y de compromiso cívico y político del poeta. **Eugenio de Nora** lo dejó claro: "La poesía es tan inevitablemente social como el trabajo o la ley".

Junto a ello, y como reverso, hay que señalar que, a medida que la poesía ha ido perdiendo espacio en el universo de preocupaciones de la sociedad, su capacidad de influencia social se ha ido reduciendo. Otros paradigmas ocupan su lugar en los imaginarios que construyen las clases y sectores sociales que configuran lo que antes denominábamos el "sujeto revolucionario".

La televisión y, en general, los soportes audiovisuales, el mundo digital presidido por Internet y las redes sociales, se han convertido en instrumentos que integran géneros diversos y materiales de toda procedencia: y son mecanismos movilizadores, críticos, cuya eficacia se corresponde con una era globalizada, pero poco generosos cuando de poesía se trata. En todo caso, tiene plena vigencia la siguiente reflexión de **Sylvia Plath**: "Sin duda, la principal utilidad de la poesía es el placer que proporciona, no su influencia como propaganda religiosa o política".

Por último, no debemos infravalorar el poder sanador desde el punto de vista psicológico, emocional, existencial si cabe, que alberga el poema tanto para el poeta como para el lector. Para **Anne Sexton** tiene algo de eficaz remedio: "Mis admiradores creen que me he curado; pero no, solo me he hecho poeta".

Leer poesía / Escribir poesía

Leerla. Existe una convención entre los lectores de literatura que utiliza la mayoría cuando se alude a la lectura de poesía. "No la entiendo", "Es muy difícil", "No sé leerla". **Jaime Salinas,** hijo del poeta Pedro Salinas y artífice, en buena medida, de la modernización de editoriales como Seix Barral, Alianza o Alfaguara en los años 60 y 70 de la pasada centuria, confiesa en sus diarios algo que tiene mucho que ver con esa convención. Afirma:

> "Y bueno, con la poesía, por ejemplo, es que es una cosa de psiquiatra. Yo no sé cómo se lee la poesía. Supongo que la poesía se lee como cualquier otro género, pero yo aún no he podido resolver ese problema. No soy un lector de poesía porque no sé cómo leerla: ¿tengo que irme a un campo, ponerme debajo de un árbol y abrir el libro? ¿Tengo que empezar por la primera página y leer hasta el final? En fin, que no soy lector de poesía y siempre me ha preocupado mucho, no solo por mi padre y sus amigos, sino porque después ha dado la casualidad de que casi todos los amigos que yo he tenido han sido poetas".

Un intelectual con un bagaje literario de ámbito universal, hijo de un poeta mayor del 27, confiesa que no sabe cómo se lee la poesía. El lector habitual se enfrenta a la lectura de un libro con el deseo de ser atrapado por un argumento atractivo, o por unos textos en los que se aborden algunas de sus preocupaciones en el sentido práctico y en relación con la vida cotidiana, o simplemente para estar entretenido o ampliar conocimientos. Suele ser una lectura lineal, sujeta a la tríada de la narrativa: "planteamiento, nudo y desenlace". La poesía es el arte textual más próximo a las artes plásticas. Leer un poema tiene mucho de las características de la contemplación de la pintura. El poema se abre y se cierra en muy poco tiempo, en muy limitado espacio en el papel (o en la pantalla).

Un libro de poemas no suele leerse de un tirón. No es una novela. Ni un reportaje o un ensayo de actualidad. Es "otra cosa". Y aunque libros hay que han logrado concitar una atención continuada (recuerdo mi lectura, en los años 70, de *Don de la ebriedad*, de Claudio Rodríguez), lo normal, al acometer la lectura de un poemario, es realizar una primera cata, leer el primer o los primeros poemas, y convertirlo, en caso de que su lectura sea gratificante o al lector le interese por alguna razón, en un volumen que nos acaba acompañando durante un tiempo (a veces toda la vida).

La poesía se lee a sorbos, el poema siempre es una unidad compacta que puede abordarse (a veces se debe) en forma independiente respecto al conjunto del libro al que pertenece. Blas de Otero lo señaló de manera muy clara: "No existe la poesía, sino los poemas". Si los capítulos de una novela forman parte de un conjunto articulado, siguen una ordenación o una secuencia de acontecimientos y son la expresión de un argumento, o de una trama, los poemas están integrados en un volumen —a veces con una coherencia temática o "narrativa", otras siendo una simple acumulación a lo largo del tiempo—, incluso pueden estar insertos en "capítulos", o partes, o apartados del propio volumen, tienen una lectura *independiente*, no es necesario leer el conjunto del libro, ni siquiera conocer, en caso de haberla, la trama, para acceder a su sentido último, a su significado en sí mismo.

Si leemos *La voz a ti debida*, de Pedro Salinas, no será difícil entender las afirmaciones precedentes: el libro se compone de 70 poemas, pero en su conjunto es un canto de amor, una declaración pasional a la amada en el tiempo del descubrimiento y la sorpresa. No por casualidad, Salinas subtitula el libro con el término "Poema".

Mi experiencia es que, en poesía, el proceso de lectura tiene conexiones evidentes con la contemplación de un cuadro. **Vladimir Nabokov,** en el texto introductorio a su *Curso de literatura europea*, hacía una lúcida consideración sobre el acto de leer un libro —sin señalar si se trataba de narrativa o poesía— y sobre la necesidad de la relectura:

"Cuando leemos un libro por primera vez, la operación de mover laboriosamente los ojos de izquierda a derecha, línea tras línea, página tras página, actividad que supone un complicado trabajo físico con el libro, el proceso mismo de averiguar en el espacio y en el tiempo de qué se trata, todo esto se interpone entre nosotros y la apreciación artística. Cuando miramos un cuadro, no movemos los ojos de manera especial; ni siquiera cuando, como en el caso del libro, el cuadro contiene ciertos elementos de profundidad y desarrollo. Al leer un libro, en cambio, necesitamos tiempo para familiarizarnos con él. No poseemos ningún órgano físico (como los ojos respecto a la pintura) que abarque el conjunto entero y pueda apreciar luego los detalles. Pero en una segunda, o tercera, o cuarta lectura, nos comportamos con respecto al libro, en cierto modo, de la misma manera que ante un cuadro".

Estas apreciaciones, al referirnos a la poesía, nos explican la diferencia cuando concebimos el libro como *unidad de lectura* o leemos poemas extensos, de más de dos o tres páginas.

Por lo general, sin embargo, leer poesía es *leer poema*: esa es la unidad de lectura, la unidad de crítica, la unidad de percepción artística. Es en ese proceso cuando advertimos esa similitud con la contemplación de un cuadro: todos los elementos del poema están accesibles a nuestros ojos en un muy breve espacio de tiempo. Los procesos de relectura, de conocimiento de lo esencial del poema —y de su totalidad— pueden sucederse de modo casi inmediato.

Por el contrario, la novela requiere una disposición distinta, tanto *desde el punto de vista físico como desde el punto de vista intelectual*. Podemos disfrutar de fragmentos, detenernos en ellos de un modo parecido a como contemplamos un cuadro —o a como leemos un poema—. Pero necesitaremos más tiempo (a veces, varios días) para tener en la mente una idea de totalidad, para percibir artísticamente la significación de la novela como obra íntegra. Un poema tiene sentido por sí mismo, al margen del resto de los poemas del libro del que forme parte. Por eso no me duelen prendas en afirmar que *la poesía es la disciplina artística que, descansando en la palabra, más se acerca a la pintura.*

Escribirla. Ni que decir tiene que la poesía es el género literario (el arte sustentado en la palabra) que más nos habla del concepto *inspiración* y de sus posibles significados. Mi experiencia, que he contrastado con la de otros autores que han escrito o escriben poesía, me dice que siempre hay algo que desencadena el proceso creador. Es la chispa. Un arranque emocional, una necesidad ineludible de plasmar en el papel ese destello, de fijarlo en forma de palabras. Puede ser el impacto recibido durante la lectura de un texto ajeno (un poema, aunque no necesariamente), ante la belleza de un paisaje; puede ser un apunte de memoria, un recuerdo que, de pronto, cobra una vigencia inesperada, una intensificación de un sentimiento o de un estado anímico: amor, odio, desánimo, decepción, alegría, euforia, tristeza... En todo caso, José Hierro expresó ese momento mágico de la inspiración de modo casi prosaico y con sencillez: "La poesía se escribe cuando ella quiere". No, añado, cuando lo quiere el poeta.

Mis primeros poemas, lo apunté al principio de estas reflexiones, fueron pura imitación. Intentaba imitar al Antonio Machado de *Soledades*, al Juan Ramón Jiménez modernista, el de *Arias tristes* o *Pastorales,* a un Gustavo Adolfo Bécquer que me ayudaba, en el tiempo del Bachillerato, a comunicar a alguna vecina de juegos de calle mis penas y devociones amorosas. No había método. Era simple, probablemente burda, imitación.

Pero fue la primera plataforma de aprendizaje.

Pasado el tiempo y en paralelo al conocimiento de las destrezas estróficas en el libro de Lengua y Literatura del primer Bachillerato, comencé, sin dejar de lado las fuentes inspiradoras basadas en la imitación y en la lectura, a ensayar romances, liras, sonetos, tercetos encadenados y sin encadenar… Sentía un placer extraño cuando lograba las rimas deseadas, los versos medidos, los ecos y las resonancias de las palabras. Era la fascinación por las formas, por la música que transmitía la lengua, por el descubrimiento de misteriosas esquinas al enlazar palabras. Fueron años de lectura de Lope o Quevedo, de asombro ante algún libro de Blas de Otero que me llegaba vía Losada de Argentina a través de un amigo, a Gerardo Diego en la colección Austral (no había llegado aún el tiempo en que el régimen franquista comenzaría a "liberar" a los autores exiliados de la Generación del 27, a permitir la edición de Miguel Hernández). De ese tiempo recuerdo tardes de sábado escribiendo sonetos y otras estrofas mientras resonaban, de fondo, los ecos de los poetas que comenzaban a ocupar mi modesta biblioteca.

Solo a finales de los 70, cuando estuve seguro de mi vocación literaria, comencé a tomar conciencia del trabajo (sí, trabajo) que suponía escribir un poema. Quiero decir un poema no sujeto a la imitación que, sin renunciar al acarreo de lecturas y devociones, fuera obra propia, decantara un estilo. Es decir, escribir poesía a conciencia y con conciencia artística y no solo emocional.

Poco a poco me fui convenciendo de una realidad: el poema es la unidad básica del arte lírico. La novela desafía al autor a lo largo de mucho tiempo y de muchas páginas. El cuento es, entre las disciplinas literarias, la que más se acerca al proceso de escritura de un poema. Fue **Fernando Quiñones**, poeta y narrador gaditano, lateral a la generación del 50, quien, respondiendo a una pregunta acerca de las diferencias fundamentales con las que el escritor aborda esas tres disciplinas, se expresó de una manera precisa mediante una bella cadena de comparaciones: "La poesía es güisqui (la sustancia); el relato güisqui con agua; la novela güisqui con hielo y agua, aunque de alcohol haya siempre la misma cantidad". En efecto: poesía como güisqui a secas. Solo. La palabra en su esencia, o digámoslo, también, en palabras de Vázquez Montalbán: la poesía como "proteína del idioma".

A partir de aquel convencimiento, decidí tirar de mis emociones, de mi memoria, de mi percepción de la realidad que me rodeaba, fuera en lo cotidiano, en un viaje, ante un espacio natural o fuera en mi relación con los otros. El método —que habla siempre del misterio de la poesía—, una vez superada la fase o el tiempo de la imitación, fue (es) muy sencillo: traducir en palabras esas experiencias de vida, de tal modo que, de una manera si no idéntica sí parecida, las viva el lector. Escribió José Hierro: "Cuando la vida se detiene, / se escribe lo pasado o lo imposible / para que los demás vivan aquello / que ya vivió (o que no vivió) el poeta".

El proceso es como sigue: escribo un par de versos, como máximo media docena, a partir de una emoción, un recuerdo, un pensamiento, una imagen. Esos versos crean un clima y abren caminos. Lo habitual es que queden así, inacabados, durante un tiempo indeterminado, que los relea, que los corrija y que, poco a poco, a veces en días distintos, el poema vaya creciendo. Buscar el adjetivo imprescindible e imprevisto, los giros inesperados, será la labor que acompañe la escritura y la corrección.

Hay poemas que quedan concluidos, al menos en una primera versión, en muy corto espacio de tiempo (horas, a veces un par de días) y los hay que se mantienen abiertos, inconclusos durante meses, durante años incluso. Aunque comparto la opinión de Hierro sobre el dudoso final de un poema ("un poema no se termina, se abandona"), suelo considerarlo cerrado, o me empeño en cerrarlo, ante su incorporación a un libro, casi en paralelo a su acabamiento.

Hay procedimientos más lineales —todo depende del grado de facilidad y oficio con que el poeta se enfrente a él o del grado de autoexigencia con su propia obra— y hay procedimientos curiosos, casi mágicos. Por ejemplo: siempre me ha llamado la atención el *taller* o método de trabajo de Claudio Rodríguez por el nivel de sabiduría y de seguridad con que construía sus poemas, siempre apegados a la música de las palabras: Claudio escribía un par de versos en el folio y abría un espacio de varios interlineados a continuación; escribía otro verso o medio verso, o una sola palabra y volvía a desplegar varios interlineados en blanco, de tal modo que podían acoger un determinado número de versos, y volvía a escribir un verso. Esos interlineados vacíos iba llenándolos, a lo largo del tiempo (horas, días semanas, meses…) con palabras, con versos. Era curiosa la certeza con que intuía los versos que iba a escribir y su preciso encaje en el poema. La música que iba con él en los caminos quedaba inserta no solo en las líneas escritas, sino en los espacios en blanco, como tramos de silencio a la expectativa de llenarse de música, lenguaje, sentido.

"Un prosista tiene un error de ritmo y lo soluciona casi inmediatamente: un adjetivo por aquí, una subordinada por allá, y ¡ya está! La prosa puede moldearse de modo mucho más flexible. El verso, por el contrario, exige una exactitud rítmica bastante más estricta". Estas palabras fueron escritas por el poeta cordobés **Eduardo García**. Forman parte de su libro *Escribir un poema* (2000) y son básicas para entender el sentido último de toda construcción poética. Cierro este recorrido por las opiniones ajenas (que hago mías, sin duda) con el comienzo de un poema emblemático de **Ángel González**: "Escribir un poema se parece a un orgasmo".

El poema se mueve en las distancias cortas, equivale, en atletismo, a la prueba de los cien metros lisos, es una materia accesible (al menos *técnicamente*) con cierta facilidad y conlleva, por lo general, poco tiempo en su elaboración. Una libreta, un bolígrafo o estilográfica e imaginación bastan para que el escritor pueda perfilar un *ejemplar* de tal especie. Es evidente que el poeta necesita un mínimo de formación acerca de la versificación (incluso para el verso libre), oído para el ritmo (la música del verso), mucha *autoexigencia* y *lectura, mucha lectura*.

El producto final del trabajo dedicado por el poeta a ello no siempre puede ser considerado con ese término: poema. Para que lo sea tiene que contar con esa "materia" indefinible que genera en el lector una amalgama de sensaciones que lo acercan a la felicidad: emoción sentimental y emoción estética, evocaciones, activación de la memoria íntima, generación de sentimientos como incertidumbre, miedo, dolor, empatía con el sufrimiento o con la felicidad del poeta. Lo que hace posible que el poema sea tal y cuente con las capacidades enunciadas es el lenguaje, un lenguaje siempre nuevo, son las palabras imprevistas y con sentido, a veces la sorpresa que revela y asombra, que perturba e incomoda o angustia.

Puede ser un ejercicio de barroquismo al modo en que lo hizo el Góngora más complejo; o un alarde culturalista u ornamental, puede ser un empeño de depuración y síntesis, de desnudez (Juan Ramón: la "poesía pura"), de despojamiento, puede serlo dibujando un escenario de irracionalidad, perfilando un mundo surrealista, u onírico, alimentado de sueños o pesadillas, tal y como hicieron los poetas del periodo de entreguerras generando movimientos de vanguardia (creacionismo, dadaísmo, futurismo…) o de ruptura y quiebra del lenguaje convencional, tal y como ocurriera en España en el comienzo de la segunda mitad del siglo XX con el postismo y, en el mundo, con la poesía visual. No olvidemos que ha habido numerosas reflexiones sobre la poesía "no figurativa", incluso hermética, en las que se destaca que el universo de emociones estéticas contenido en un poema en principio no inteligible puede conmover al lector, despertar en él experiencias sensoriales, anímicas o intelectuales, y contener una verdad esencial no explicable racionalmente pero sí sentida. **María Zambrano** llegó a afirmar, con cierta vehemencia, que "los poetas ininteligibles son los que sirven". O **Juan Gelman**: "Con la poesía se puede decir todo de otro modo y, sobre todo, se puede decir lo que no se puede decir".

Pero siempre es deseable que el poeta esté pertrechado de una formación técnica, que sepa manejar con destreza los versos y estrofas consideradas clásicas, o tradicionales. Al igual que en la pintura y, en general, en todas las artes, es necesario para el creador dominar las materias e instrumentos heredados de la tradición para dar el salto a la experimentación (el Picasso cubista fue antes el figurativo de sus primeros años o el de la "etapa azul") o para la búsqueda de nuevos caminos, en poesía, el conocimiento y dominio de ese "patrimonio" es también imprescindible para la construcción del poema, incluso cuando el autor opta por el verso libre o por el poema en prosa. **Joseph Brodsky**, con lucidez, vino a resumir esas consideraciones en una sola frase: "Nada revela tanto las debilidades del poeta como el verso clásico". Y aunque las técnicas del poeta y el resultado de su trabajo pueden adoptar distintas formas, hay un consejo, leído en no pocos lugares, que nos acerca más a la esencia del poema. Se trata de evitar las excesivas adjetivaciones, los calificativos innecesarios. Para Jordi Doce, "el poeta sobrevive a sus adjetivos". O, más preciso aún: "El adjetivo, cuando no da vida, mata" proclamó el creacionista **Vicente Huidobro**.

Aunque **Percy Bysshe Shelley** llegó a otorgar a los poetas un papel socio-político-jurídico destinado a mayorías sociales —"los poetas son", dijo, "aunque no se los reconozca como tales, los legisladores del mundo"—, la poesía entendida de manera convencional —el texto poético *escrito y difundido en soporte libro*—, es la disciplina literaria artística que encuentra más dificultades para llegar a la sociedad. De manera especial, a los medios de comunicación con mayor audiencia. Parece existir una correspondencia entre su condición de arte minoritario —las tiradas de las ediciones de libros de poesía, con muy contadas excepciones, no suelen pasar de los 500 ejemplares— y la falta de atención mediática a sus más diversas manifestaciones.

Por ello, se mueve en lo que llamaría *un país cerrado* compuesto por circuitos promovidos y alimentados por los propios poetas, en un espectro constituido por los iniciados en el que, sin embargo, se produce una relación muy viva, muy intensa y, en ocasiones, cuando de pugnas estéticas se trata, moderadamente tensa. Ese río subterráneo, tanto en España como en la mayor parte de los países, lo componen multitud de pequeñas editoriales privadas, la mayoría radicadas en capitales de provincia o en municipios de tamaño medio, otra parte de carácter institucional, un número no menor de revistas dedicadas exclusiva o preferentemente a la poesía y una red de encuentros, jornadas, aulas de poesía o foros estables, muchas veces promovidos al amparo de determinados premios o de ciertos poetas mayores. Creo no equivocarme si doy un dato basado en mi larga experiencia: alrededor de dos mil personas (aunque cálculos más optimistas sitúan esa cifra entre cuatro y cinco mil) en todo el territorio nacional componen el público estable de la poesía, el colectivo de consumidores. Desde el punto de vista comercial, de expectativas de negocio o de mercado, la poesía supone un empeño ruinoso.

Pese a las apelaciones a la "inmensa mayoría" que acuñara Blas de Otero, la realidad es que, en su formato tradicional —en libro o en revista—, la poesía difícilmente traspasa esa frontera cuantitativa. El poeta australiano-británico **Peter Porter**, con una lucidez evidente, expresaba su resignación a que la poesía nunca dejara de ser un material artístico minoritario: "La poesía", afirmó, "es una de las pocas artes que no está amenazada por no tener una audiencia". Como en todos los campos, no obstante, se han producido excepciones: entre las más conocidas, las sucesivas ediciones de *Cuaderno de Nueva York*, de José Hierro, cuyas ventas llegaron a alcanzar la cifra de 40.000 ejemplares, algo extraordinario en poesía, o las ventas masivas de lo que yo llamaría *sub-poesía* o *pre-poesía*, relacionada con el fenómeno *youtuber* y con escasos vínculos con la tradición poética, con la sociedad letrada. Y, desde luego, la venta continuada de nuestros clásicos contemporáneos: Machado, Alberti, García Lorca, Neruda o Vallejo, entre otros, gracias a los planes de enseñanza, cada vez menos exigentes a ese respecto, y al empeño de los profesores de Literatura.

A pesar de ello, en la segunda mitad del pasado siglo, siguiendo la estela de una tradición musical, de cantautores, que arraigó en la posguerra en algunos países europeos (Francia, sobre todo, recordemos a Moustaki, Brassens, Montand, al belga Brel), en Estados Unidos (Woody Guthrie, la tradición de la música folk, Pete Seeger, Joan Baez, Bob Dylan) y en Latinoamérica (Atahualpa Yupanqui, Jorge Cafrune, Mercedes Sosa, Víctor Jara, Violeta Parra). En España se apuntaron caminos a través de los cuales la poesía podía ser disfrutada, apreciada e incluso memorizada por amplios sectores sociales: de un lado, la actuación de un importante número de músicos y cantantes que, en los años sesenta, decidieron musicar textos de algunos de los poetas más importantes de la literatura universal. Antonio Machado, Miguel Hernández, Pablo Neruda, Federico García Lorca o Rafael Alberti, además de otros poetas procedentes del barroco como Lope de Vega, o Francisco de Quevedo, o romances y canciones medievales, fueron objeto de la atención de cantantes como Paco Ibáñez, Joan Manuel Serrat, Adolfo Celdrán, Joaquín Díaz, Elisa Serna, Rosa León, Marina Rosell o María del Mar Bonet o Pablo Guerrero, entre otros muchos nombres —incluso una poesía tan en apariencia difícil como la mística de Juan de la Cruz, tuvo una versión con cierta audiencia de la mano y la voz de Amancio Prada—. Esa iniciativa, ceñida a la poesía en lengua castellana, se vería complementada por la atención por parte de otros cantautores a la poesía de otras lenguas: la gallega, con la difusión de poetas como Rosalía de Castro, Celso Emilio Ferreiro, Manoel Antonio o Curros Enríquez; el catalán, con la consiguiente *musicación* de poetas como Salvador Espriu, Joan Salvat-Papasseit, Joan Brossa, Josep Carner o J. V. Foix; el euskera, con Gabriel Aresti… Intérpretes como el ya citado Amancio Prada o

Imanol, Raimon, Lluis Llach, Ovidi Monitor, Pi de la Serra, Luis Emilio Batallán contribuyeron a que buena parte del patrimonio poético de la España plural, escrito en lenguas que habían estado prohibidas o toleradas a regañadientes bajo la dictadura, desbordara el ámbito de las minorías lectoras para ser objeto de una atención si no masiva sí mucho más amplia que la que lograba concitar la poesía en el formato libro.

El cantautor no solo ha sido mediador entre la obra de los grandes poetas y el público. Es preciso señalar que estos mismos cantautores, a los que, a finales de los años noventa del pasado siglo y a comienzos del siglo XXI, se han añadido otros pertenecientes a generaciones posteriores (Ismael Serrano, Rosana, Manolo García, Pedro Guerra, Marwán), no solo pusieron música a los versos de poetas consagrados, sino que han hecho de sus propias obras poesía *ex novo*. Es decir, la poesía, con el apoyo de la música, ha encontrado un nuevo cauce a través de la canción de autor. A este respecto, conviene destacar que cuando la poesía se genera y difunde en ese modo dejamos de pensar en ella como un arte minoritario porque puede llegar a millones de ciudadanos, de mentes sensibles aunque sin una conciencia clara de que lo que se les ofrece sea poesía. De hecho, así ha ocurrido con determinados discos de cantautores como Joan Manuel Serrat, Joaquín Sabina, de ventas millonarias y de una difusión sin precedentes, tanto en España como en América Latina. El flamenco, el rap, otras fórmulas de composición musical urbana podrían encuadrarse en un bloque de poesía llamada neopopular ocupando un espacio nada desdeñable en el panorama literario de este siglo XXI. En España y en el mundo.

¿Y qué ocurre con la poesía en el medio televisivo, por ejemplo? Si ya la literatura en general, el libro de por sí, encuentra dificultades para abrirse un espacio en la programación televisiva o radiofónica, la poesía, entendida en el sentido más tradicional y *literario,* sufre aún más esa dificultad. En España, salvando los huecos que se han podido abrir en los espacios literarios que ha emitido la radiotelevisión pública —nunca las privadas, en las que, con la salvedad del canal Arte, de ámbito europeo, la cultura ha sido y es la gran ausente—, alguna conmemoración con motivo de la muerte o la desaparición de un poeta de relieve, algunas series puntuales que se ofrecen más como producto cinematográfico que como poesía (pienso en la serie sobre García Lorca de Juan Antonio Bardem, emitida hace más de una década, entre otras, y un programa que se emitió en los años 70, titulado *Poesía e imagen*), su ausencia ha sido prácticamente absoluta. Ese factor, contrastado con la importancia que el género tiene en la historia de la literatura española e hispanoamericana, evidencia un significativo vacío en un medio seguido por una masa ingente de ciudadanos, gran parte de ellos lectores.

En el ámbito radiofónico, la poesía ha encontrado un hueco de cierta significación (en la radio pública esencialmente). De todos es sabido que durante largos años (en los sesenta y setenta) José Hierro dirigió un programa sobre poesía en RNE, también que en el espacio *El ojo crítico* la poesía siempre ha tenido un hueco y una oportunidad y que en esa misma cadena, desde hace casi un cuarto de siglo, se emite un espacio que inicialmente estuvo en exclusiva dedicado a la poesía, *La estación azul*, que hoy aborda la literatura en su conjunto aunque mantiene un lugar privilegiado para la lírica, con una público fiel y *militante*, pese a cambios de cadena y de horario de emisión, situándolo en horas imposibles de las que solo lo salva el milagro del *podcast*.

La globalización, que se ha consolidado en lo que va de siglo XXI gracias a la intercomunicación en tiempo real servida por Internet, por las llamadas plataformas digitales, por las redes sociales, no solo ha dado lugar a fenómenos como la trivialización de la literatura, el surgimiento de los llamados *influencers* literarios (cuya actuación tiene, sobre todo, fines económicos) o la difusión y proliferación de bulos y desinformación, también ha generado un espacio interactivo (el ciberespacio), virtual y real a la vez, de experiencias culturales, de producción literaria, poética, plástica, audiovisual. Frente a los apocalípticos que a finales de los años noventa del pasado siglo auguraban la muerte del libro (y con él, de la poesía en su formato más tradicional), la realidad se ha impuesto con una dimensión muy diferente. Más allá de los aspectos negativos antes mencionados, Internet se ha convertido en un instrumento privilegiado para producir revistas poéticas, colgar poemarios y editar monografías destinadas a autores esenciales de la literatura universal, que en muchos casos cuentan con su correspondiente portal o página web. A ello se ha añadido, en lo que se refiere a la poesía en castellano, la posibilidad de conectar, en tiempo real, de manera permanente dos tradiciones: la española y la hispanoamericana.

A través de Internet es posible conocer los fondos poéticos de todas las universidades del mundo, es posible consultar poemarios desaparecidos del mercado, buscar la biografía de poetas poco conocidos y visitar las realidades poéticas de los distintos países que, en América, hablan en castellano. Son numerosas las revistas digitales que el aficionado a la poesía puede consultar en Internet. Ese proceso, ¿ha debilitado el *consumo* de libros poéticos (en papel) por parte de los lectores de siempre y por parte de las nuevas generaciones de lectores? No. Al contrario. Al igual que ha ocurrido con otros géneros y, en general, con el libro, Internet ha contribuido a acrecentar el interés por la poesía y a extender la conciencia de que la lectura de poesía, en su sentido más íntimo y radical, encuentra su espacio idóneo en el encuentro del lector y del poema a través del libro.

Martín Rodríguez-Gaona se ha preocupado por diseccionar esa nueva realidad que acecha y pone en cuestión la "ciudad letrada", una realidad que parece girar alrededor de un eje preferente: "La poesía, como todo lo que se expone en la red", afirma, "es tan solo un pretexto para la obtención de popularidad". Y, añado, en no pocas ocasiones, de beneficios económicos, pues tiene como finalidad objetivos de índole mercantil o especulativa.

Todo ello convive con microespacios de lectura amparados en fundaciones, centros culturales u otro tipo de instituciones, y con editoriales mínimas con ediciones de 500 o 700 ejemplares. Esa realidad en claroscuro, de luces y de sombras, pone de relieve una triple verdad: la primera, que, pese a las dificultades que encuentra en su difusión, la poesía como fenómeno creativo goza de muy buena salud; la segunda, que si de los medios de comunicación audiovisuales y de las plataformas digitales se tratara, sería, a estas alturas de la historia, una disciplina artística en proceso de extinción; y la tercera, que no se corresponde esa "buena salud" antes aludida con una retribución o compensación económica equiparable a la que es habitual en otras disciplinas.

La crítica y la poesía: un apunte

¿Qué importancia tiene la crítica de poesía en la salud del género? Creo que, en el caso de lo que hemos llamado *sub-poesía* o *pre-poesía*, la crítica no es esencial. Su supervivencia depende de otros factores más relacionados con el fenómeno *influencers* que en el análisis y en la difusión del texto poético elaborado con los parámetros heredados de la ciudad letrada, de lo que no dudaría en llamar *alta poesía* o poesía a secas. Martín Rodríguez-Gaona, en su libro *Contra los 'influencers'*, plantea que "es objetivo reivindicar un tipo de crítica que no tiene cabida en los medios y tampoco en Internet". Una crítica que precisa de extensión, de reposo, de pensamiento, de esfuerzo meditativo. Mi experiencia como lector, como poeta y como crítico es que, además, es si no esencial sí muy recomendable que el crítico sea a la vez poeta o que, en su defecto, tenga una relación intensa y de largos años con la poesía como lector.

Porque, en el fondo, el grueso de la crítica de poesía se refugia en revistas que no lee casi nadie o solo los poetas y no todos, en blogs personales, casi siempre impulsados o escritos por críticos de poesía o poetas, es la pariente pobre (hasta desaparecer durante semanas en algunos casos) de los suplementos culturales o de libros de los diarios, en los que difícilmente entran reseñas a poemarios publicados en sellos editoriales marginales o desconocidos: es decir, es bastante probable que el poeta, salvo excepciones vinculadas a premios de ámbito nacional, sea para la sociedad un completo desconocido con obra desconocida. ¿También para la crítica?

Con cierta ironía, **Javier Salvago** llegó a afirmar que "la poesía es lo que no gusta a los críticos". Por lo general, la escasez de espacio en los diarios para la poesía conduce a críticas limitadas, que a veces se reducen a contar el contenido del poemario sin entrar en el análisis. Tienen una función esencialmente divulgativa. Por eso, y dado el carácter minoritario del género y el alto grado de especialización que suelen exigir los lectores *de calidad* de poesía, es más que aconsejable que el crítico sea poeta o esté intensamente relacionado durante mucho tiempo con la lectura de poesía, con las *tripas* del poema.

Por dos razones: la primera, porque, a mi juicio, el mejor crítico de poesía es el poeta interesado en indagar y reflexionar sobre el acto de escritura, sobre el sentido (y los sentidos) del lenguaje poético y, en el fondo, sobre la obra propia, sobre el misterio que alienta en ella. Uno de los mejores y más rigurosos críticos de la historia de la poesía universal ha sido T. S. Eliot, el autor de dos de los monumentos poéticos del siglo xx: *Cuatro cuartetos* y *La tierra baldía*, que entendía por *crítica* "toda la actividad intelectual encaminada bien a averiguar qué es la poesía, cuál es su función, por qué se escribe, o bien se lee, o se recita". Es más, su reflexión sobre la materia, a través, sobre todo, de su (ya mencionado aquí varis veces) *Función de la poesía y función de la crítica* es, hoy, un legado teórico y reflexivo incuestionable para todo lector mínimamente cualificado y exigente de poesía. Y, ¿qué decir de **Luis Cernuda**, o de Pedro Salinas o **Jorge Guillén**, o de **Gabriel Ferrater**, o de **Raymond Carver**, de Octavio Paz, de Vázquez Montalbán, de **Antonio Martínez Sarrión**, de Jordi Doce o de **Miguel Casado**, de María Zambrano o **Aurora de Albornoz**, entre otros y otras poetas que han ejercido la crítica y una labor teórica sobre la poesía?

En resumen: descreo de quienes afirman que el poeta no debe ejercer la crítica de poesía, que no ha de ocuparse de la creación de sus colegas o contemporáneos. Renunciar a la crítica, a la disección de los materiales que otros producen (sean coetáneos o sean poetas ya considerados clásicos o consolidados en el canon literario establecido) sería, simplemente, una suerte de traición a los propios lectores. Y aunque lo habitual es que esa crítica quede recluida en ámbitos muy acotados, minoritarios, no es menos cierto que la aspiración de todo poeta y de todo crítico riguroso es que aquélla aparezca en un diario de amplia tirada, incluso que traspase la barrera de la cultura escrita y acceda a otros medios de comunicación.

Es obvio que el crítico de poesía, como el de novela, o ensayo, el de libros en general, ha de ser radicalmente independiente. Pero esa radical independencia debería ir acompañada, sea poeta o no, de una capacidad, que es sensibilidad, inteligencia y perspicacia, para sustraerse a los gustos personales o de tendencia. Es decir, el crítico de poesía debe de estar en condiciones de detectar la poesía *en toda opción estética.* En otras palabras: descubrir lo que a lo largo de estas líneas hemos definido (con Vázquez Montalbán) como "proteína del idioma", es decir, la *poesía*, tanto en poemas de corte realista como en el irracionalismo, en la "estética" del silencio o en el alarde experimental, en el poema en verso y en el poema en prosa, en la herencia clásica, de formas tradicionales, y en la vanguardia y la ruptura. En suma: detectar ese valor no mensurable en términos racionales tanto en un poema (o en un libro) de un vanguardista como **Ezra Pound** como en un realista tan directo como **Bertolt Brecht,** tanto en **Nicanor Parra** como en Gloria Fuertes, en Ángel González como en Claudio Rodríguez, en la perfección sonetista de **Gerardo Diego** y en los malabarismos de **Carlos Edmundo de Ory**. Tener devoción por una línea poética, o gozar de manera preferente con un determinado tipo de poemas, o asumir la pertenencia a una corriente, o a un grupo generacional en el que predomine una estérica no pueden ser condicionantes de la independencia y de la mirada atenta a la complejidad y a la diversidad de la escritura poética que ha de tener el crítico, sea o no poeta.

Cinco preguntas, una conclusión y una receta final para poetas (la humildad)

La reflexión, desde distintos planos, que he abordado en las páginas precedentes, me obliga a plantearme (y, sobre todo, a poner ante la mirada del lector) varias preguntas y a intentar dar respuesta a cada una de ellas. Decía T. S. Eliot que "no es posible una valoración definitiva de la poesía. Las preguntas: ¿qué es la poesía?, ¿es este un buen poema?, constituyen, pues, las dos metas teóricas de toda labor crítica". Constatada la imposibilidad de definir la poesía de una manera precisa, objetiva y concluyente pese a tener plena *fehaciencia* de que existe, que es una realidad que habita en las potencialidades de la palabra, una emoción siempre dispuesta a atender el talento del poeta, quizá nos sean útiles para cerrar este libro las preguntas que siguen.

Primera: si la poesía es solo palabra, ¿qué lugar ocupa en ella la realidad? Es la realidad el territorio al que se referencia, al que remite todo lenguaje. Este no se cierra en sí, sino que significa, tiene sentido, nos habla del mundo y del universo en que vivimos (o que vive en nuestra memoria, o en nuestros sueños y pesadillas), nos lo redescubre: "A la realidad se le deben abrir las ventanas; debe ser un punto de partida, no uno de llegada", escribió **Joan Brossa**.

Segunda: ¿cuál es entonces la sustancia, la materia prima, la fuente de la que bebe la poesía? No otra que la vida de los seres humanos, hombres y mujeres, en su infinita riqueza. Con sus deseos y sus fobias, con sus amores y sus odios, con sus miedos y sus incertidumbres, con sus sueños y sus carencias.

Tercera: ¿de tales afirmaciones se desprende que la poesía, como arte, es dependiente de esos factores y carece de autonomía? En absoluto. Aunque hubo un momento en que, por razones de índole histórica, social y política, se concebía el hecho poético en vinculación a una causa (emancipatoria, liberadora), el paso del tiempo nos ha demostrado que la poesía (o el poema), como realidad nueva y distinta, tiene una dinámica interna propia, una vida independiente, es un ser vivo con plena autonomía. En otras palabras: la autonomía del arte (de la poesía) es un avance, una conquista irrenunciable.

Cuarta: ¿cuándo, en consecuencia, reconocemos la poesía —el poema— en el lenguaje? Cuando el lenguaje se muestra nuevo. Cuando la palabra nos dice lo nunca dicho y nos conmueve o asombra (por ejemplo, la "negra torre de arduos filos" del soneto "Al ciprés de Silos", de Gerardo Diego). Es decir: cuando revela nuevas posibilidades expresivas y significativas, nuevos horizontes de nuestra existencia, cuando descubre paisajes nuevos. Cuando el poema, una vez conseguido, nos revela verdades que antes ignorábamos. Sobre nosotros, sobre nuestros seres queridos, sobre nuestros semejantes, sobre el mundo que vivimos y sobre la realidad que recordamos.

Quinta y conclusión: ¿es oportuna y necesaria, en este comienzo del siglo XXI, la función crítica (en lo existencial, en lo social, en lo político) de la poesía? Sí, radicalmente. Sabemos que el amor, el paisaje y la naturaleza, la observación de la vida cotidiana, el propio arte, la memoria, son asuntos *transversales* que cruzan todo poema con independencia de la opción estética por la que apueste el autor (irracionalismo, surrealismo, poesía concreta, poesía metafísica…). Pues bien, la mirada crítica sobre la realidad, la *conciencia de lo social* es también materia transversal del poema. En el fondo, el pensamiento dominante, conservador, considera el verso de Jorge Guillén "el mundo está bien hecho" como un paradigma para negar el conflicto obviando que Guillén nunca quiso decir "la sociedad está bien hecha", que es el pensamiento real de quienes niegan las contradicciones sociales y consideran esa conciencia social una *deriva hacia lo político* que debe erradicarse del poema. Una cosa fueron los excesos de prosaísmo que vivió nuestra poesía social en las décadas de 1950 y 1960 y otra considerar como única poesía *verdadera* la que tiende al ensimismamiento, la que se abstrae de las zonas de conflicto de la realidad, que no desmenuza el mundo y no nos acerca a la injusticia y a sus consecuencias más dramáticas.

Una síntesis de todo lo que la poesía es, son los atributos que **Ada Salas** le adjudica en esta afirmación: "El (la) poeta será la 'conciencia despierta', el 'vigía insomne', 'el vidente', o cualquiera de las representaciones que le han sido atribuidas".

Volando desde Chicago a Madrid en el casi remoto año 2009, leí un poema de **Wisława Szymborska** que me emocionó de una manera especial y que reproduzco líneas más abajo. La poeta y premio Nobel polaca nos invita a un ejercicio de humildad. A los escritores y, de manera más específica, a los poetas, entre los que, con toda modestia, me incluyo.

Nos creemos elegidos. Consideramos, en nuestro fuero interno, que nuestra vida sería mucho más pobre y limitada sin escribir y, en gran medida, es verdad. Que sin la escritura (la nuestra) no es concebible el mundo. El ejercicio de autoafirmación, de egolatría de la escritura como vía de comunicación con los otros, de transmisión de emociones y de conocimiento, nos parece la cumbre de la experiencia humana. Es la *llamada del arte*. Sin embargo, no caemos en la cuenta de que hay millones de personas (la inmensa mayoría en nuestras sociedades) que no escriben versos, que no escriben cuentos, que, sin más, no escriben salvo para cubrir un trámite, rellenar un formulario o hacer la lista de la compra. Es más: que no tienen necesidad alguna de escribir, de crear. El poema de Szymborska, incluido en su poemario editado en español en 1997 *El gran número. Fin y principio y otros poemas*, se titula "Elogio de mi hermana":

> "Mi hermana no escribe versos
> y dudo que empiece de repente a escribir versos.
> Lo sacó de mi madre, que no escribía versos,
> y de mi padre, que tampoco escribía versos.
> Bajo el techo de mi hermana me siento segura:
> el marido de mi hermana por nada del mundo escribiría
>   versos.
>
> Y aunque esto suene a obra de Adam Macedonski,
> ninguno de mis parientes se dedica a escribir versos.
> En los cajones de mi hermana no hay viejos versos,
> ni recién escritos en su bolso.

Y cuando mi hermana me invita a comer
sé que no es con la intención de leerme sus versos.
Sus sopas son exquisitas sin premeditación
y el café no se derrama sobre sus manuscritos.
En muchas familias nadie escribe versos.
Pero si lo hacen, es raro que sea solo una persona.
A veces la poesía fluye en cascadas de generaciones,
lo que crea peligrosos remolinos en sus mutuos
        sentimientos.

Mi hermana cultiva una buena prosa hablada,
y toda su escritura son postales de sus vacaciones
con textos que prometen lo mismo cada año:
que cuando vuelva,
me contará todo,
todo,
todo".

La hermana de la poeta polaca es alguien que forma parte de esa inmensa mayoría de no poetas. Hace poesía de lo cotidiano de otra forma. Del mismo modo que en miles de casas, en miles de oficinas, aulas y fábricas, una multitud de seres anónimos construye una lírica de lo cotidiano para ellos y para sus seres más próximos. Solo han escrito (o escribirán) postales o cartas, SMS, correos electrónicos, mensajes de WhatsApp... Nunca han escrito un verso, ni en sus familias hay antecedentes de escritores o poetas (en algunas, apenas hay libros). ¿No es el poema de Szymborska, en su extrema sencillez, en su lirismo hondo y depurado, un magnífico poema social? ¿No hay en él una apelación a ese colectivo de seres anónimos que construyen su obra literaria con su propia vida y sin escribirla?

Hoy, cuando es tan fácil dejarse llevar por la lógica del escaparate de los medios de comunicación (incluido Internet), cuando nuestra vocación literaria nos lleva a establecer una comunicación cada vez más intensa y continuada con los lectores (a través de las redes sociales, de los blogs y de otros escaparates virtuales), no nos viene mal esa llamada de atención del poema de Szymborska. Junto a cada uno de nosotros, a lo largo de la mayor parte del día, hay hombres y mujeres que hacen versos memorables sin escribir un solo verso. Al escribir, en las primeras páginas de este extraño volumen, algunos recuerdos de infancia relacionados con mi primera memoria de la poesía, refería una frase que, siendo niño, escuché a mi madre refiriéndose al hijo de unos vecinos: "Qué desgracia, les ha salido un hijo poeta". Lo que reflejaba tal frase es que el poeta es excepción, quizá desgracia, que el mundo no es de los que escribimos poesía, tampoco de quienes la leen, sino de la mayoría a la que le es ajena. Gentes como la hermana de Szymborska.

La dificultad de definir la poesía, para concluir, tiene mucho que ver con el poema de la Nobel polaca. La respiramos en la cotidianidad de los seres anónimos, en la hermandad entre los hombres, entre las mujeres. Vive en los intersticios de la prosa en aquellas novelas que saltan la barrera del tiempo y son literatura con mayúsculas (¿qué es, aquello, que nos enamora de una novela, de un cuento, sino el misterio, la magia de su prosa?), en una pintura que nos asombra o embauca, en la fotografía que eterniza un instante, en un paisaje visto desde la ventanilla de un tren en el atardecer, en el mar del crepúsculo, en unas ruinas medievales vencidas por la vegetación y la desidia, en los ojos de un niño desnudo con un fondo de fachadas bombardeadas… Decimos "ese paisaje está cargado de poesía", "cuánta poesía hay en la floración de los cerezos en un valle de Extremadura"… Es tanta la diversidad de experiencias a las que damos el calificativo de poéticas que la hacen inexplicable o solo explicable por aproximación.

Anaïs Nin nos dejó una hermosa verdad. Con ella finalizo este viaje por ese misterio que nos apasiona y atrapa: "Explicar qué es la poesía es ir al origen al igual que intentar explicar la vida conlleva acercarnos al ADN". Pues eso.